Impressum
Verlag: BABADADA GmbH, Nedderfeld 112 , 22529 Hamburg
Geschäftsführer / Verlagsleitung: Harald Hof
Druck: Books on Demand GmbH, In de Tarpen 42, 22848 Norderstedt

Imprint
Publisher: BABADADA GmbH, Nedderfeld 112 , 22529 Hamburg, Germany
Managing Director / Publishing direction: Harald Hof
Print: Books on Demand GmbH, In de Tarpen 42, 22848 Norderstedt, Germany

Szkoła
escuela

Sala lekcyjna
aula

dzielić
dividir

186/2

Tablica
mesa

Dziedziniec szkolny
patio de escuela

Nauczyciel
docente

Papier
papel

pisać
escribir

Pisak
bolígrafo

Biurko
escritorio

Liniał
regla

Książka
libro

Uczeń
alumno

Plecak szkolny

mochila escolar

Piórnik

caja de lápices

Ołówek

lápiz

Temperówka

sacapuntas

Gumka do mazania

goma de borrar

Blok rysunkowy

bloc de dibujo

Rysunek

dibujo

Pędzel

pincel

Pudełko z akwarelami

caja de pinturas

Nożyce

tijera

Klej

pegamento

Książka do ćwiczenia

libro de ejercicios

Zadanie domowe

tarea

12

Liczba

número

2+2

dodawać

sumar

5-2

odejmować

restar

2×2

mnożyć

multiplicar

liczyć

calcular

A

Litera

letra

ABCDEFG
HIJKLMN
OPQRSTU
VWXYZ

Alfabet

alfabeto

Słowo

palabra

Tekst

texto

czytać

leer

Kreda

tiza

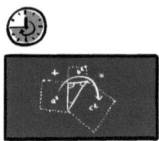

Godzina

lección

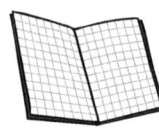

Dziennik lekcyjny

libro de clase

Egzamin

examen

Świadectwo

certificado

Mundurek szkolny

uniforme escolar

Wykształcenie

educación

Leksykon

enciclopedia

Uniwersytet

universidad

Mikroskop

microscopio

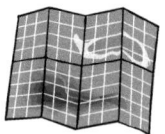

Mapa

mapa

Kosz na odpadki

cesto de papeles

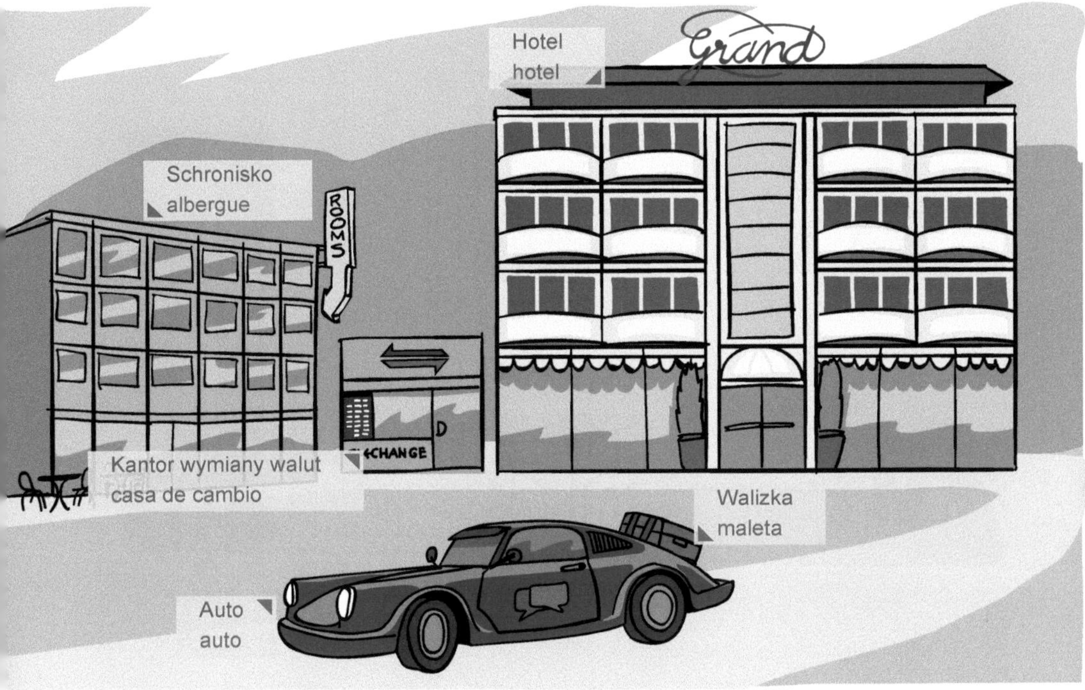
Hotel
hotel
Grand
Schronisko
albergue
ROOMS
Kantor wymiany walut
casa de cambio
EXCHANGE
Walizka
maleta
Auto
auto

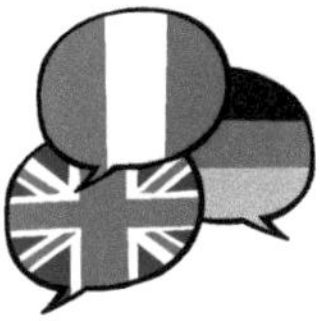

Język
idioma

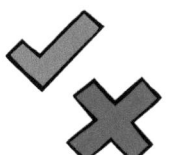

tak / nie
sí / no

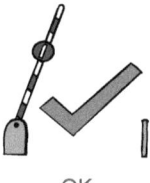

OK
ok

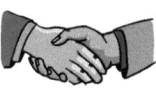

Halo
hola

Tłumacz
intérprete

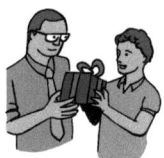

Dziękuję
gracias

Ile kosztuje ...?

¿Cuánto cuesta…?

Nie rozumiem

No entiendo

Problem

problema

Dobry wieczór!

¡Buenas tardes!

Dzień dobry!

¡Buenos días!

Dobranoc!

¡Buenas noches!

Do widzenia

adiós

Kierunek

dirección

Bagaż

equipaje

Torba

bolso

Plecak

mochila

Gość

invitado

Pokój

cuarto

Śpiwór

saco de dormir

Namiot

tienda de campaña

Informacja turystyczna

información al turista

Plaża

playa

Karta kredytowa

tarjeta de crédito

Śniadanie

desayuno

Obiad

almuerzo

Kolacja

cena

Bilet

pasaje

Winda

ascensor

Znaczek na list

sello

Granica

límite

Cło

aduana

Ambasada

embajada

Wiza

visa

Paszport

pasaporte

Transport
transporte

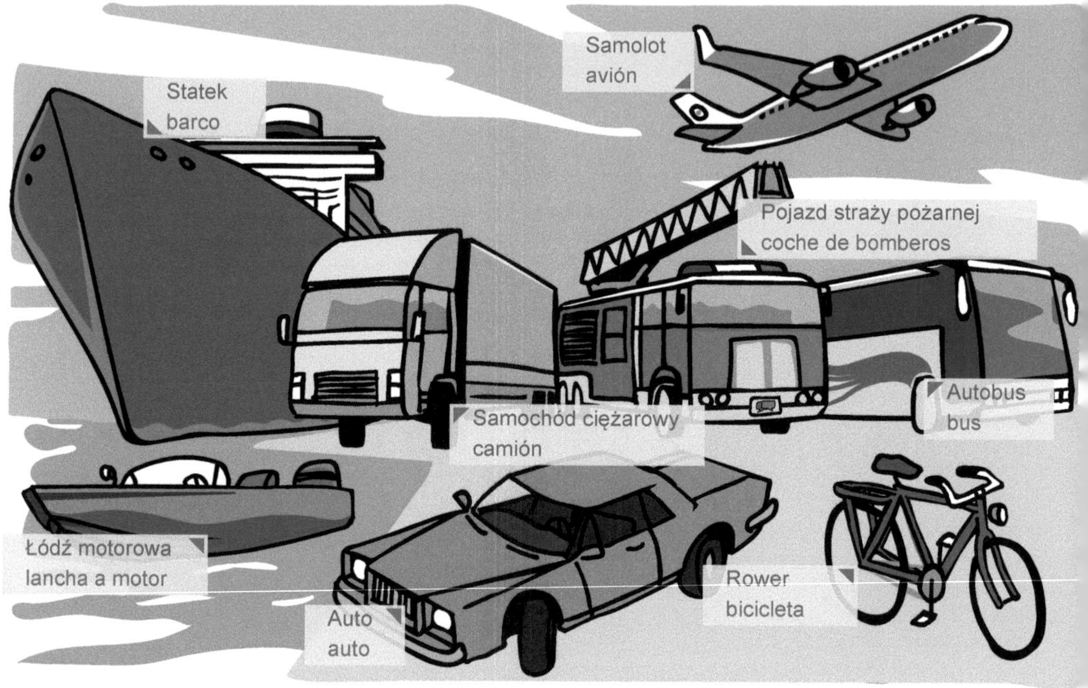

Samolot
avión
Statek
barco
Pojazd straży pożarnej
coche de bomberos
Autobus
bus
Samochód ciężarowy
camión
Łódź motorowa
lancha a motor
Rower
bicicleta
Auto
auto

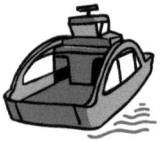

Prom

balsa

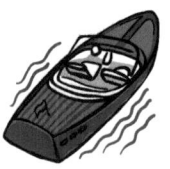

Łódź

lancha

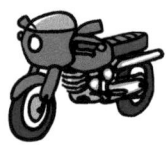

Motocykl

motocicleta

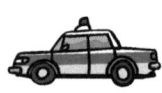

Radiowóz policyjny

auto de policía

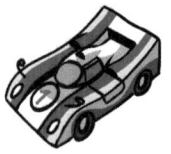

Samochód wyścigowy

auto de carreras

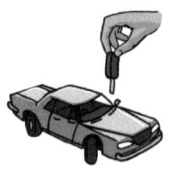

Samochód wypożyczony

auto de alquiler

Wspólne przejazdy
samochodem
alquiler de autos

Samochód pomocy
drogowej
grúa

Śmieciarka

vehículo recolector de
basura

Silnik

motor

Benzyna

gasolina

Stacja benzynowa

gasolinera

Znak drogowy

señal de tráfico

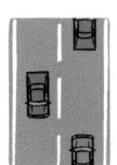

Ruch

tránsito

Korek

atasco

Parking

estacionamiento

Dworzec

estación de tren

Szyny

carril

Pociąg

tren

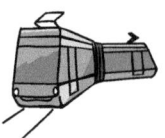

Tramwaj

tranvía

Wagon

vagón

Helikopter

helicóptero

Lotnisko

aeropuerto

Wieża

torre

Pasażer

pasajero

Kontener

contenedor

Karton

caja de cartón

Taczka

carro

Kosz

cesta

startować / lądować

despegar / aterrizar

Miasto
ciudad

Wieś

aldea

Centrum miasta

centro de la ciudad

Dom

casa

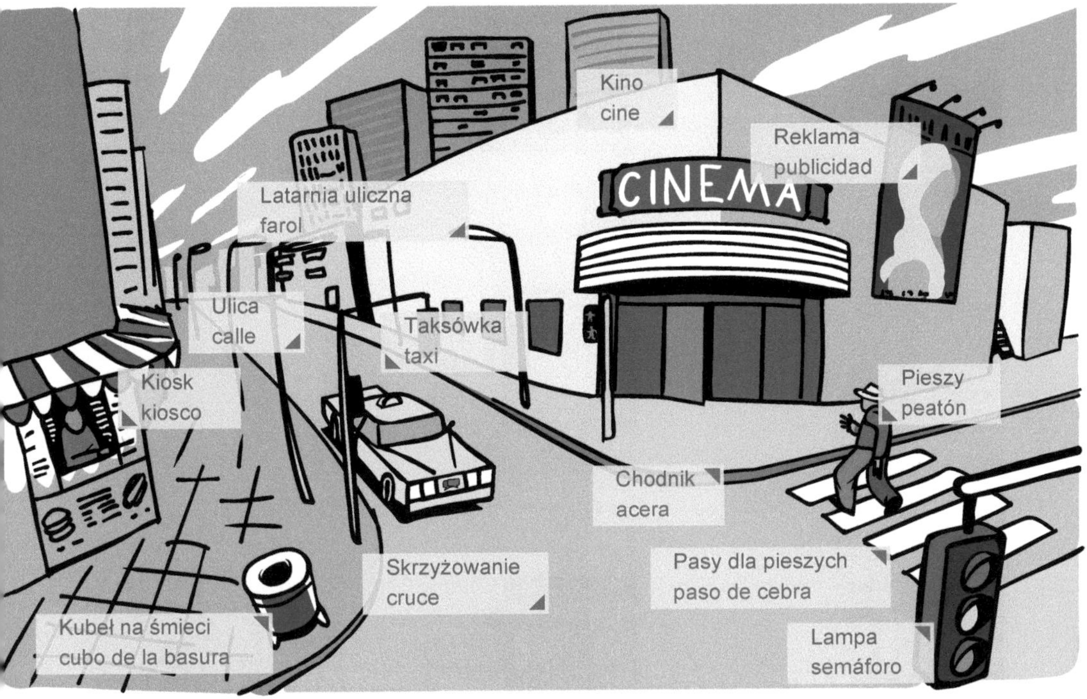

Kino
cine

Reklama
publicidad

Latarnia uliczna
farol

CINEMA

Ulica
calle

Taksówka
taxi

Kiosk
kiosco

Pieszy
peatón

Chodnik
acera

Skrzyżowanie
cruce

Pasy dla pieszych
paso de cebra

Kubeł na śmieci
cubo de la basura

Lampa
semáforo

Chata

cabaña

Mieszkanie

apartamento

Dworzec

estación de tren

Ratusz

ayuntamiento

Muzeum

museo

Szkoła

escuela

Uniwersytet

universidad

Bank

banco

Szpital

hospital

Hotel

hotel

Apteka

farmacia

Biuro

oficina

Księgarnia

librería

Sklep

negocio

Kwiaciarnia

florería

Supermarket

supermercado

Rynek

mercado

Dom towarowy

grandes almacenes

Sklep z rybami

pescadería

Centrum handlowe

centro comercial

Port

puerto

Park
....
parque

Ławka
....
banco

Most
....
puente

Schody
....
escalera

Metro
....
metro

Tunel
....
túnel

Przystanek autobusowy
....
parada de autobuses

Bar
....
bar

Restauracja
....
restaurante

Skrzynka na listy
....
buzón de correo

Tabliczka z nazwą ulicy
....
letrero

Parkometr
....
parquímetro

Zoo
....
zoológico

Łaźnia
....
piscina

Meczet
....
mezquita

Gospodarstwo chłopskie
granja

Zanieczyszczenie
środowiska
polución

Cmentarz
cementerio

Kościół
iglesia

Plac zabaw
parque infantil

Świątynia
templo

Krajobraz

paisaje

Liść
hoja

Drogowskaz
indicador de camino

Droga
sendero

Łąka
pradera

Kamień
piedra

Drzewo
árbol

Wędrowiec
caminante

Rzeka
río

Trawa
pasto

Kwiat
flor

Dolina

valle

Góra

montaña

Jezioro

lago

Las

bosque

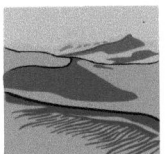

Pustynia

desierto

Wulkan

volcán

Zamek

castillo

Tęcza

arco iris

Grzyb

seta

Palma

palmera

Komar

mosquito

Mucha

mosca

Mrówka

hormiga

Pszczoła

abeja

Pająk

araña

Chrząszcz

escarabajo

Żaba

rana

Wiewiórka

ardilla

Jeż

erizo

Zając

liebre

Sowa

lechuza

Ptak

pájaro

Łabędź

cisne

Dzik

jabalí

Jeleń

ciervo

Łoś

alce

Tama

embalse

Wiatrak

aerogenerador

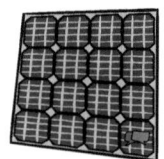

Moduł solarny

módulo solar

Klimat

clima

Restauracja
restaurante

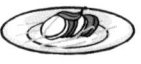

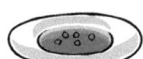

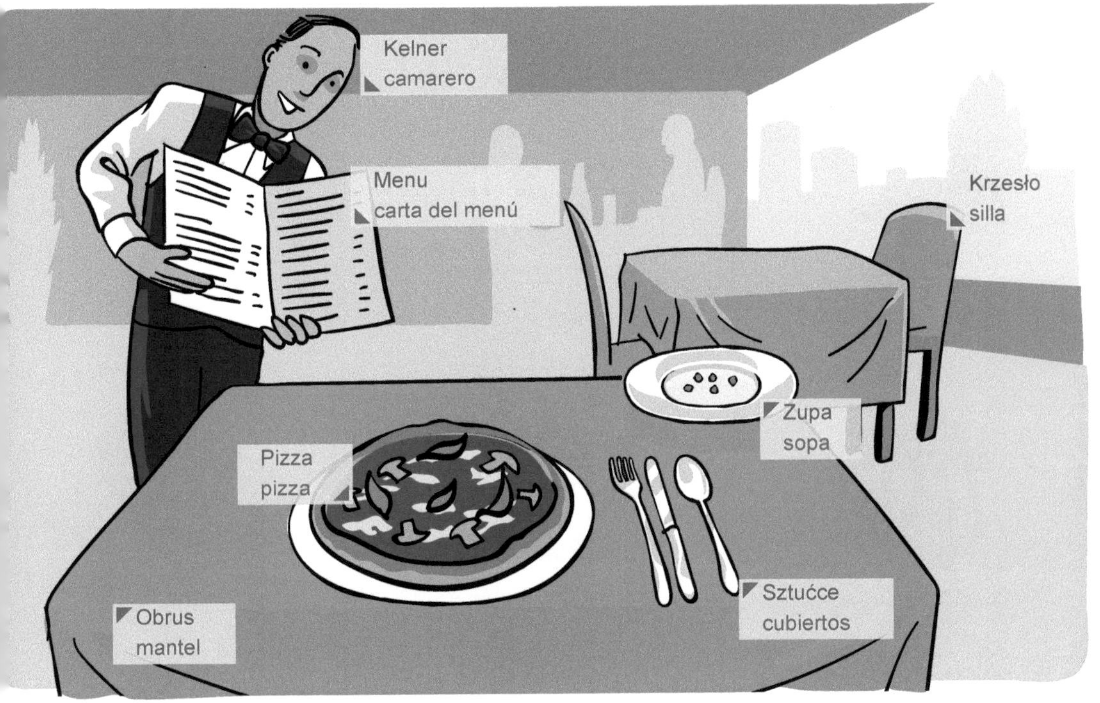
Kelner
camarero
Menu
carta del menú
Krzesło
silla
Zupa
sopa
Pizza
pizza
Sztućce
cubiertos
Obrus
mantel

Przystawka

entrada

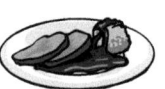

Danie główne

plato principal

Deser

postre

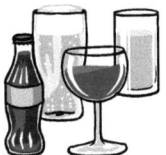

Napoje

bebida

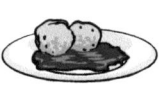

Jedzenie

comida

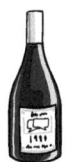

Butelka

botella

Fastfood

comida rápida

Streetfood

comida callejera

Dzbanek na herbatę

tetera

Cukierniczka

azucarera

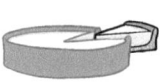

Porcja

porción

Zaparzarka do espresso

máquina de espresso

Krzesło dla dziecka

silla alta

Rachunek

factura

Taca

bandeja

Noż

cuchillo

Widelec

tenedor

Łyżka

cuchara

Łyżeczka

cuchara de té

Serwetka

servilleta

Szklanka

vaso

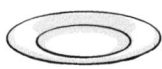

Talerz

plato

Talerz do zupy

plato de sopa

Podstawek pod filiżankę

platillo

Sos

salsa

Solniczka

salero

Młynek do pieprzu

molinillo para pimienta

Ocet

vinagre

Olej

aceite

Przyprawy

especias

Keczup

ketchup

Musztarda

mostaza

Majonez

mayonesa

Supermarket
supermercado

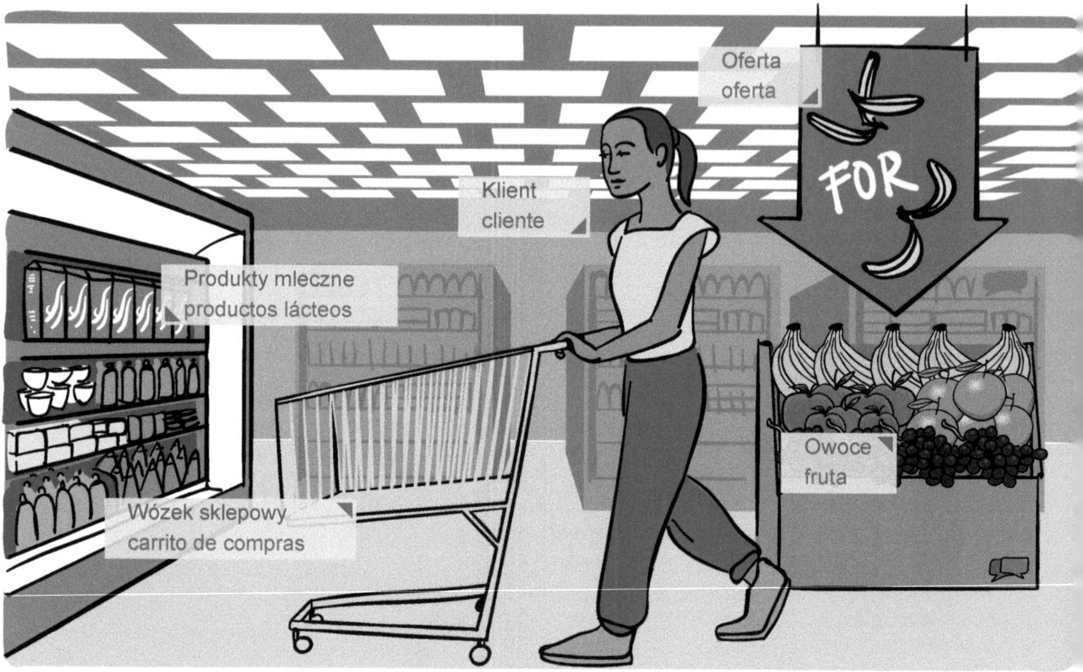

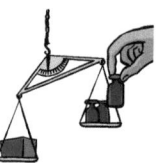

Oferta
oferta
FOR
Klient
cliente
Produkty mleczne
productos lácteos
Owoce
fruta
Wózek sklepowy
carrito de compras

BUTCHERS

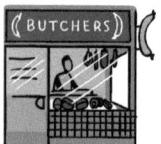

Rzeźnia

carnicería

BAKERY

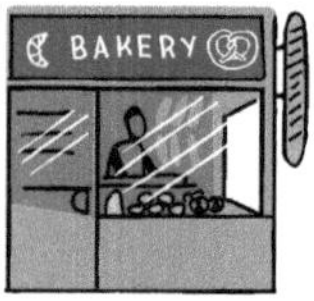

Piekarnia

panadería

ważyć

pesar

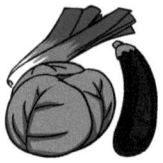

Warzywa

verdura

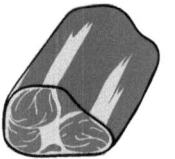

Mięso

carne

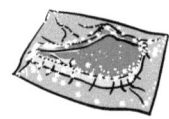

Mrożonki

alimentos congelados

Wędliny

fiambre

Konserwy

conservas

Proszek m do prania

detergente en polvo

Słodycze

dulces

Artykuły użytku domowego

artículos domésticos

Środek czyszczący

productos de limpieza

Sprzedawczyni

vendedora

Kasa

caja

Kasjer

cajero

Lista zakupów

lista de compras

Godziny otwarcia

horario de atención

Portfel

cartera

Karta kredytowa

tarjeta de crédito

Torba

maleta

Torebka plastikowa

bolsa plástica

Woda

agua

Sok

jugo

Mleko

leche

Cola

refresco de cola

Wino

vino

Piwo

cerveza

Alkohol

alcohol

Kakao

cacao

Herbata

té

Kawa

café

Espresso

espresso

Cappuccino

cappuccino

Banan

banana

Jabłko

manzana

Pomarańcza

naranja

Arbuz

sandía

Cytryna

limón

Marchew

zanahoria

Czosnek

ajo

Bambus

bambú

Cebula

cebolla

Grzyb

seta

Orzechy

nueces

Makaron

fideos

Spaghetti

espagueti

Ryż

arroz

Sałatka

ensalada

Frytki

patatas fritas

Ziemniaki pieczone

patatas salteadas

Pizza

pizza

Hamburger

hamburguesa

Kanapka

sándwich

Sznycel

escalope

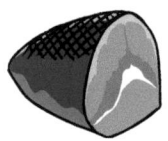

Szynka

jamón

Salami

salame

Kiełbasa

embutido

Kura

pollo

Pieczeń

asado

Ryba

pescado

Płatki owsiane

copos de avena

Musli

musli

Płatki kukurydziane

copos de maíz tostado

Mąka

harina

Croissant

croissant

Bułka

panecillo

Chleb

pan

Toast

tostada

Ciastka

galletas

Masło

mantequilla

Twarożek

cuajada

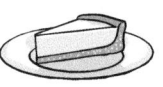

Ciasto

pastel

Jajko

huevo

Jajko sadzone

huevo frito

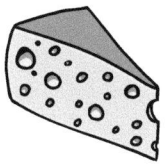

Ser

queso

Jedzenie - comida

Lody

helado

Cukier

azúcar

Miód

miel

Marmolada

mermelada

Krem nugatowy

praliné

Curry

curry

Gospodarstwo chłopskie
granja

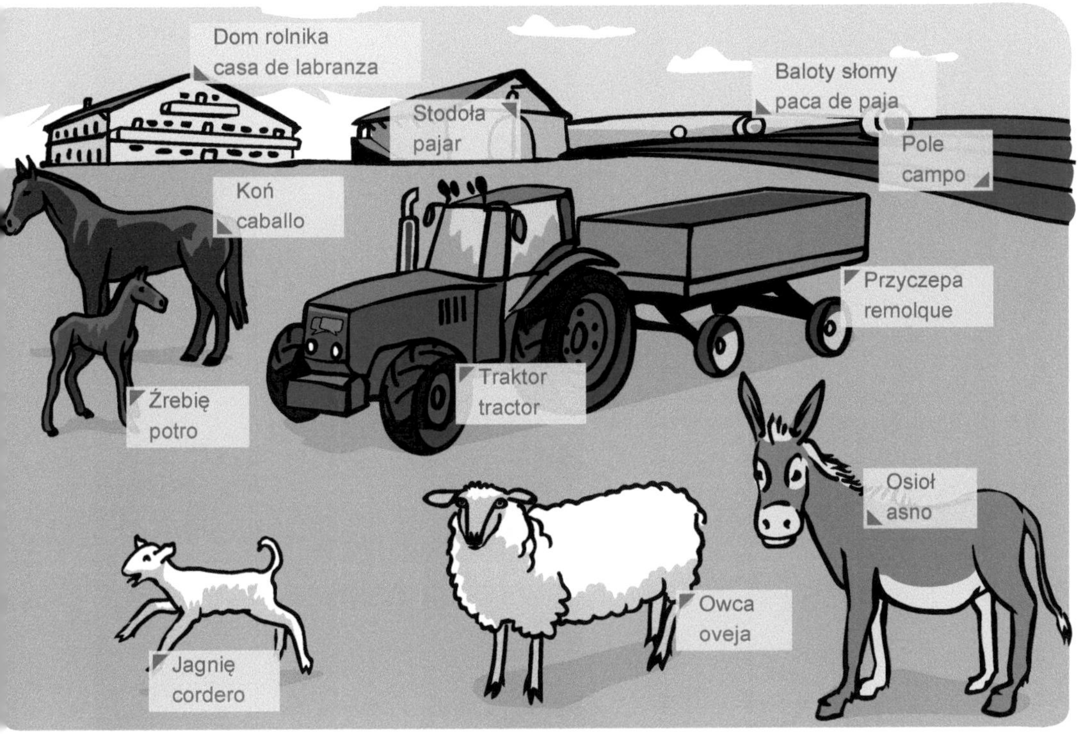
Dom rolnika
casa de labranza
Stodoła
pajar
Baloty słomy
paca de paja
Pole
campo
Koń
caballo
Przyczepa
remolque
Traktor
tractor
Źrebię
potro
Osioł
asno
Owca
oveja
Jagnię
cordero

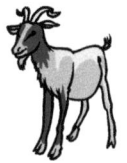

Koza

cabra

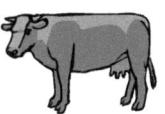

Krowa

vaca

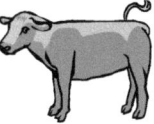

Cielę

ternero

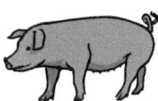

Świnia

cerdo

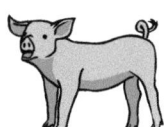

Prosię

lechón

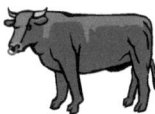

Byk

toro

Gęś

ganso

Kaczka

pato

Kurczątko

polluelo

Kura

pollo

Kogut

gallo

Szczur

rata

Kot

gato

Mysz

ratón

Osioł

buey

Pies

perro

Buda dla psa

caseta del perro

Wąż ogrodowy

manguera de riego

Konewka

regadera

Kosa

guadaña

Pług

arado

Sierp

hoz

Graca

azada

Widły

bieldo

Siekiera

hacha

Taczka

carretilla

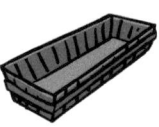

Koryto

abrevadero

Kanka na mleko

lechera

Worek

saco

Płot

cerca

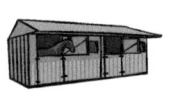

Stajnia

establo

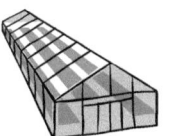

Szklarnia

invernadero

Ziemia

suelo

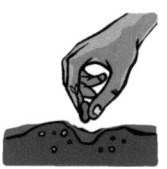

Nasiona

semilla

Nawóz

fertilizante

Kombajn zbożowy

cosechadora

zbierać
....
cosechar

Żniwa
....
cosecha

Podchrzyn
....
raíz de ñame

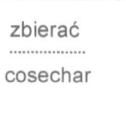

Pszenica
....
trigo

Soja
....
soja

Ziemniak
....
patata

Kukurydza
....
maíz

Rzepak
....
colza

Drzewo owocowe
....
Árbol frutal

Maniok
....
mandioca

Zboże
....
cereales

Komin
chimenea

Dach
techo

Rynna deszczowa
canalón

Okno
ventana

Garaż
garaje

Dzwonek
timbre

Drzwi
puerta

Wiaderko na śmieci
cubo de la basura

Skrzynka na listy
buzón de correo

Ogród
jardín

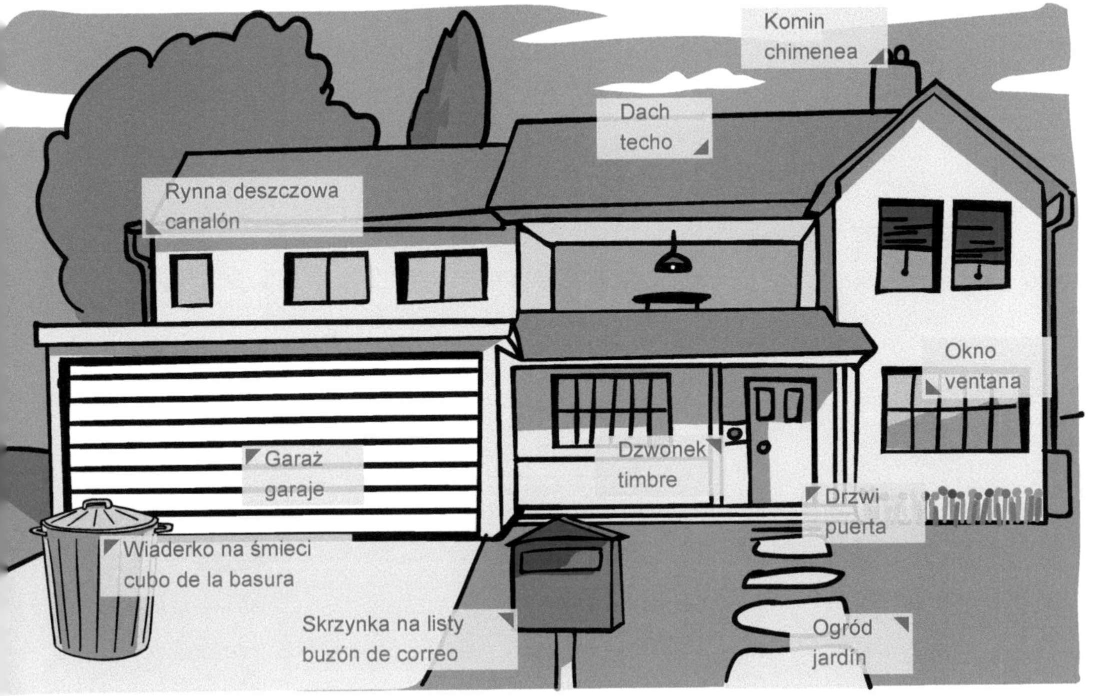

Pokój dzienny
cuarto de estar

Łazienka
cuarto de baño

Kuchnia
cocina

Sypialnia
dormitorio

Pokój dziecięcy
cuarto de los niños

Jadalnia
comedor

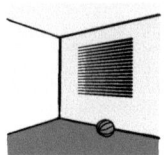

Ziemia

piso

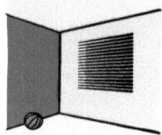

Ściana

pared

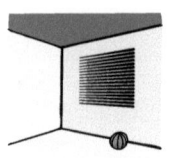

Koc

cielorraso

Piwnica

sótano

Sauna

sauna

Balkon

balcón

Taras

terraza

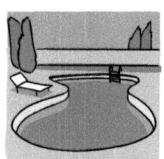

Basen

piscina

Kosiarka do trawy

cortacésped

Poszwa

funda nórdica

Kołdra

edredón

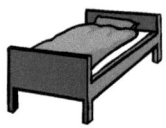

Łóżko

cama

Miotła

escoba

Wiadro

cubo

Włącznik

interruptor

Pokój dzienny
cuarto de estar

Tapeta
papel para empapelar
Obraz
imagen
Lampa
lámpara
Regał
estante
Szafa
gabinete
Telewizor
televisor
Komin
hogar
Kwiat
flor
Poduszka
cojín
Kanapa
sofá
Wazon
florero
Pilot
control remoto

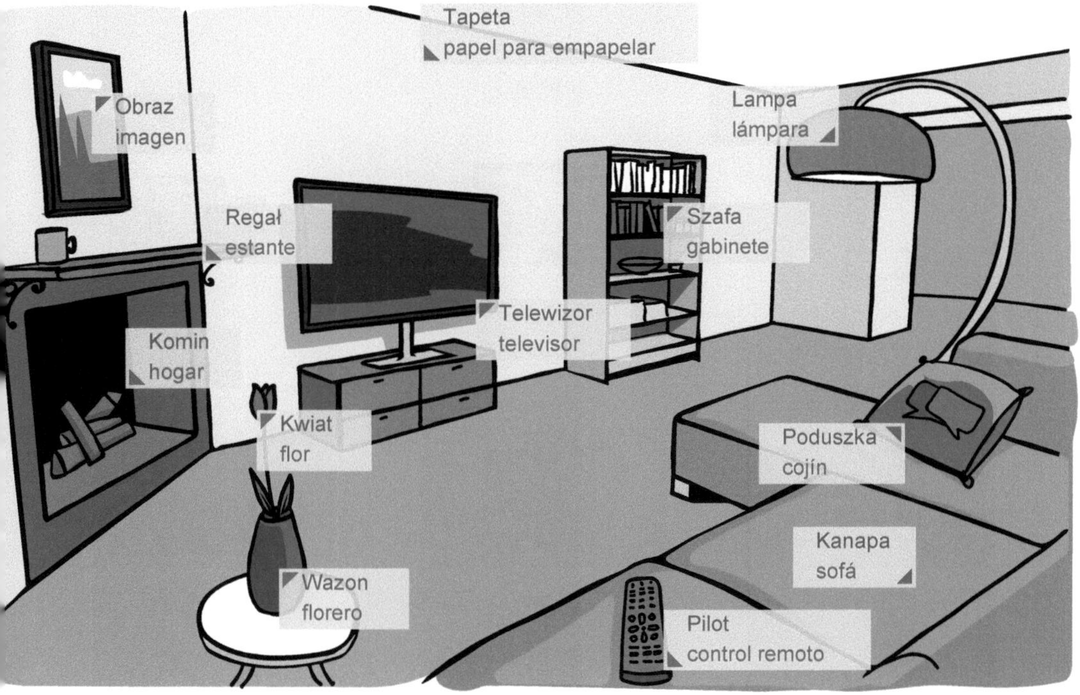

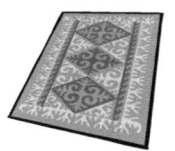

Dywan

alfombra

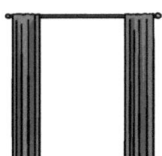

Zasłona

cortina

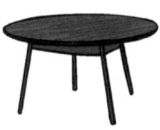

Stół

mesa

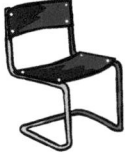

Krzesło

silla

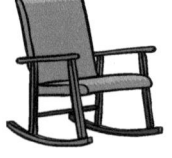

Bujak

mecedora

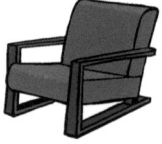

Fotel

sillón

Książka

libro

Sufit

frazada

Dekoracja

decoración

Drewno kominkowe

leña

Film

film

Instalacja stereo

equipo estereofónico

Klucz

llave

Gazeta

periódico

Malunek

cuadro

Plakat

póster

Radio

radio

Notatnik

bloc de notas

Odkurzacz

aspiradora

Kaktus

cactus

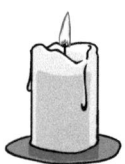

Świeczka

vela

Kuchnia
cocina

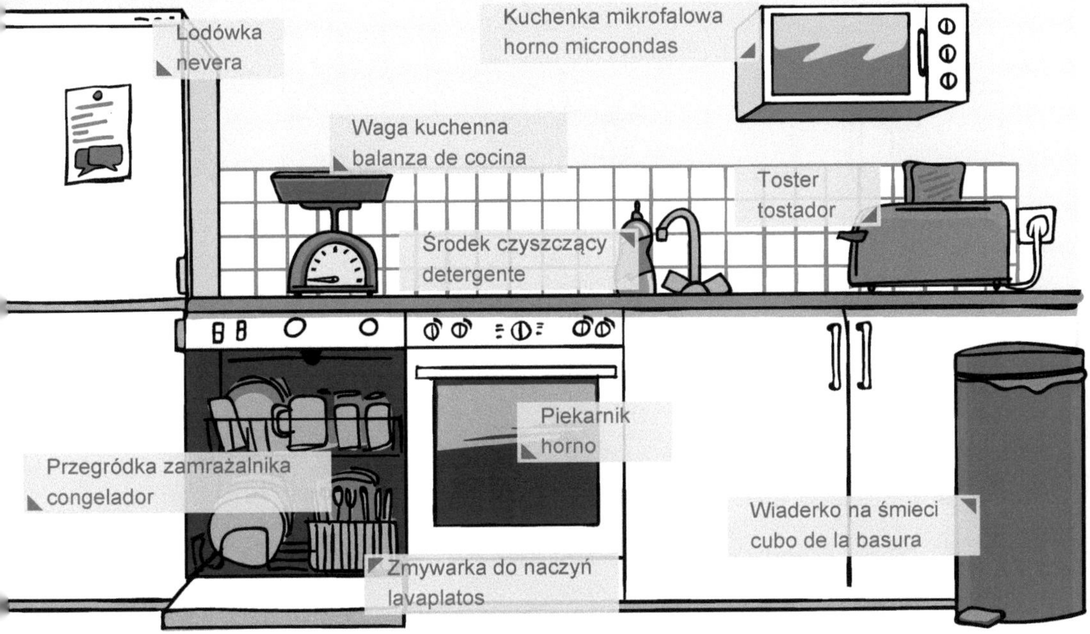
Lodówka
nevera
Kuchenka mikrofalowa
horno microondas
Waga kuchenna
balanza de cocina
Toster
tostador
Środek czyszczący
detergente
Piekarnik
horno
Przegródka zamrażalnika
congelador
Wiaderko na śmieci
cubo de la basura
Zmywarka do naczyń
lavaplatos

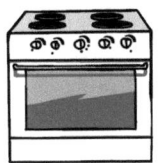

Kuchenka
cocina

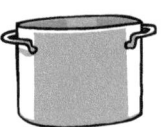

Garnek
olla

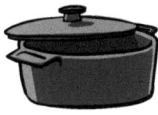

Kocioł żeliwny
olla de fundición de hierro

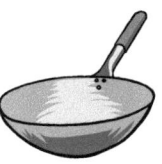

Wok / Kadai
wok / kadai

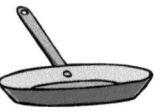

Patelnia
sartén

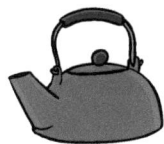

Czajnik
hervidor de agua

Parowar

olla de vapor

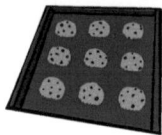

Blacha do pieczenia

bandeja de horno

Naczynia kuchenne

vajilla

Kubek

vaso

Miska

bol

Pałeczki

palillos para comer

Nabierka

cucharón de sopa

Łopatka do smażenia

espátula

Trzepaczka do śmietany

batidor

Cedzak

colador

Sitko

cedazo

Tarka

rallador

Moździerz

mortero

Grillowanie

parrillada

Palenisko

fogata

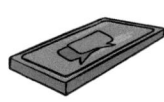

Deska

tabla de picar

Wałek do ciasta

rodillo

Korkociąg

sacacorchos

Puszka

lata

Otwieracz do puszek

abrelatas

Ściereczka do trzymania garnka

agarrador

Umywalka

fregadero

Szczotka

cepillo

Gąbka

esponja

Mikser

batidora

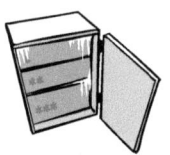

Zamrażarka

arcón congelador

Butelka dla niemowlęcia

biberón

Kran

grifo

Łazienka

cuarto de baño

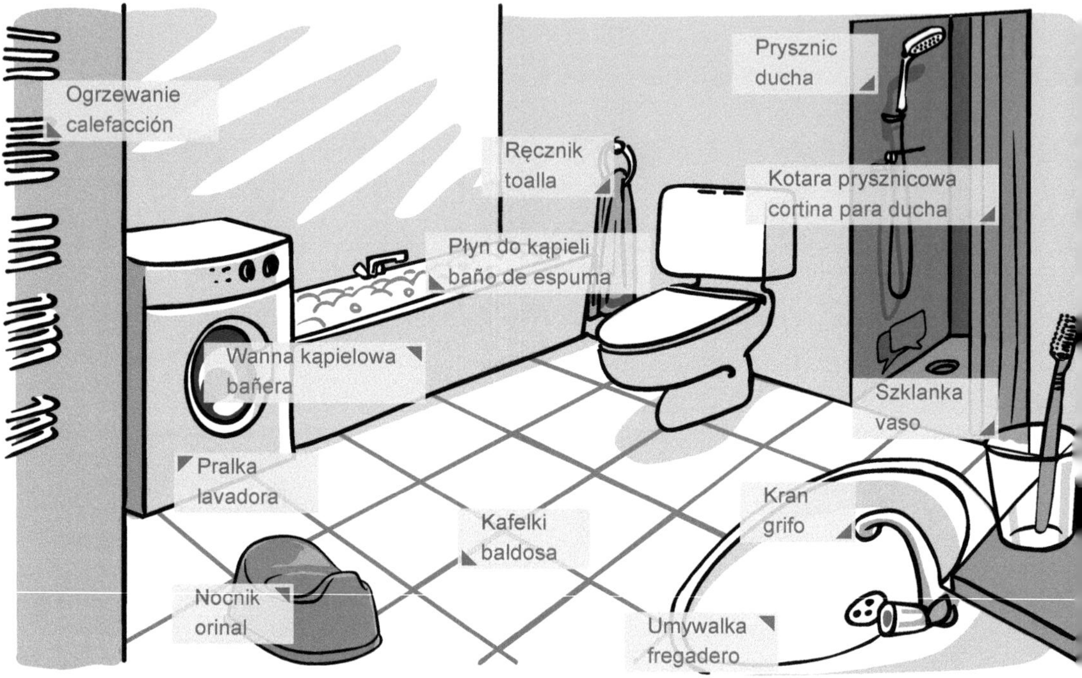

Ogrzewanie
calefacción

Prysznic
ducha

Ręcznik
toalla

Kotara prysznicowa
cortina para ducha

Płyn do kąpieli
baño de espuma

Wanna kąpielowa
bañera

Szklanka
vaso

Pralka
lavadora

Kran
grifo

Kafelki
baldosa

Nocnik
orinal

Umywalka
fregadero

Toaleta

cuarto de baño

Toaleta kuczna

placa turca

Bidet

bidé

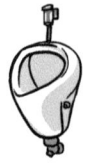

Pisuar

urinario

Papier toaletowy

papel higiénico

Szczotka toaletowa

escobilla para el cuarto de
baño

Szczoteczka do zębów

cepillo de dientes

Pasta do zębów

pasta dentífrica

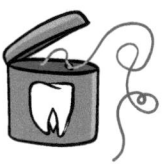

Nitki do czyszczenia zębów

seda dental

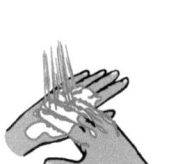

myć

lavar

Głowica prysznicowa

ducha teléfono

Płyn kąpielowy do higieny intymnej

ducha higiénica

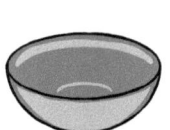

Miska do mycia

cuenco

Szczotka kąpielowa

cepillo para la espalda

Mydło

jabón

Żel prysznicowy

gel de ducha

Szampon

champú

Rękawica kąpielowa

manopla para baño

Odpływ

desagüe

Krem

crema

Dezodorant

desodorante

Lustro

espejo

Lustro kosmetyczne

espejo de maquillaje

Golarka

máquina de afeitar

Pianka do golenia

espuma de afeitar

Woda po goleniu

loción para después del
afeitado

Grzebień

peine

Szczotka

cepillo

Suszarka do włosów

secador para cabello

Spray do włosów

laca de peinado

Makijaż

maquillaje

Pomadka

lápiz labial

Lakier do paznokci

laca para uñas

Wata

algodón

Nożyczki do paznokci

tijera para uñas

Perfum

perfume

Kosmetyczka

neceser

Taboret

taburete

Waga

balanza

Szlafrok kąpielowy

bata de baño

Rękawice gumowe

guantes de goma

Tampon

tampón

Podpaska damska

compresa

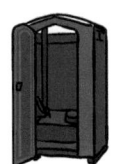

Toaleta chemiczna

wáter químico

Pokój dziecięcy
cuarto de los niños

Budzik
despertador
Pluszowa przytulanka
animal de peluche
Samochodzik
auto de juguete
Grzechotka
sonajero
Domek dla lalek
casa de muñecas
Prezent
obsequio

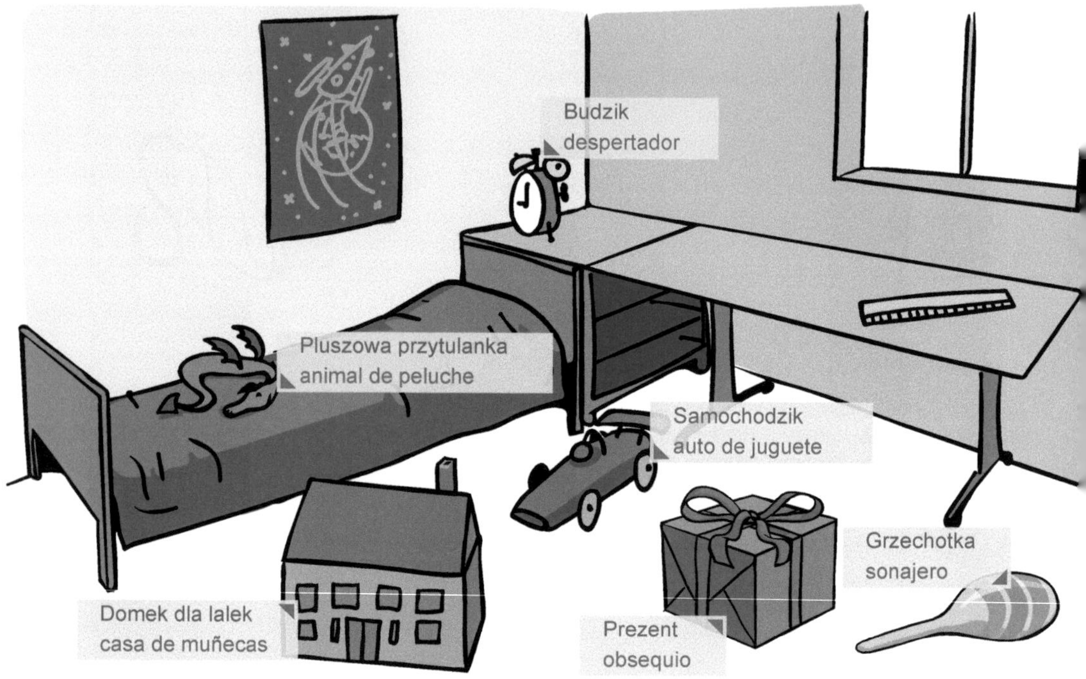

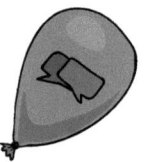

Balon

globo

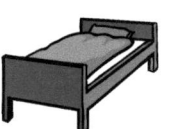

Łóżko

cama

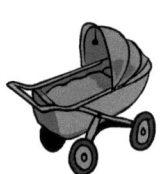

Wózek dziecięcy

cochecito para niños

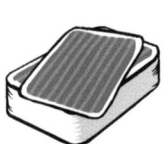

Gra w karty

juego de barajas

Puzzle

rompecabezas

SUPER
MEGA

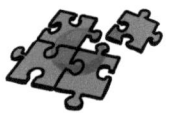

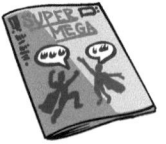

Komiks

cómic

Klocki lego

piezas de Lego

Klocki

bloques para jugar

Action figura

figura de acción

Śpioszek dziecięcy

pijama de una pieza

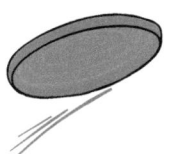

Frisbee

frisbee

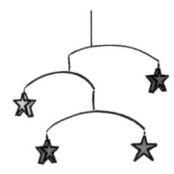

Zabawki ruchome

móvil

Gra planszowa

juego de mesa

Kości

dado

Kolejka elektryczna

tren eléctrico a escala

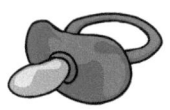

Smoczek

chupete

Przyjęcie

fiesta

Książka z ilustracjami

libro de dibujos

Piłka

pelota

Lalka

títere

bawić się

jugar

Piaskownica

arenero

Huśtawka

columpio

Zabawki

juguetes

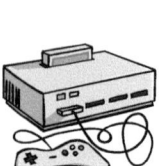

Konsola do gier

consola de videojuego

Rowerek trójkołowy

triciclo

Pluszowy miś

osito de peluche

Szafa ubraniowa

guardarropa

Ubiór

vestimenta

Skarpety

calcetines

Pończochy

medias

Rajstopy

panti

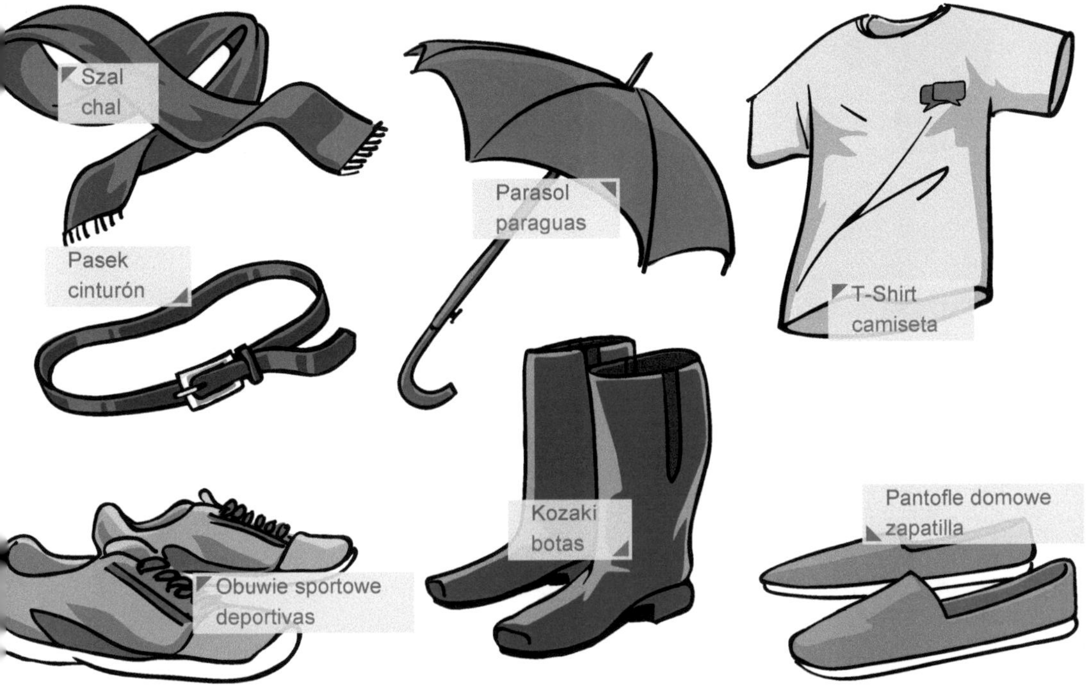

Szal
chal

Parasol
paraguas

Pasek
cinturón

T-Shirt
camiseta

Kozaki
botas

Pantofle domowe
zapatilla

Obuwie sportowe
deportivas

Sandały
....
sandalias

Buty
....
zapatos

Kalosze
....
botas de goma

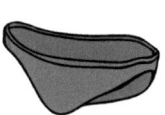

Majtki
....
ropa interior

Biustonosz
....
corpiño

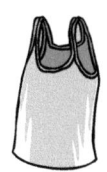

Podkoszulek
....
camiseta

Body
body

Spodnie
pantalón

Dżins
jeans

Spódnica
falda

Bluzka
blusa

Koszula
camisa

Pulower
pullover

Bluza sportowa
sweater

Marynarka
blazer

Kurtka
chaqueta

Płaszcz
abrigo

Płaszcz przeciwdeszczowy
impermeable

Kostium
traje chaqueta

Sukienka
vestido

Suknia ślubna
vestido de bodas

Garnitur męski

traje

Koszula nocna

camisón

Piżama

pijama

Sari

sari

Chusta na głowę

pañuelo de cabeza

Turban

turbante

Burka

burka

Kaftan

caftán

Abaya

abaya

Strój kąpielowy

traje de baño

Kąpielówki

bañador

Krótkie spodnie

shorts

Dres sportowy

chándal

Fartuch

delantal

Rękawiczki

guante

Guzik

botón

Okulary

gafa

Bransoletka

brazalete

Łańcuszek

cadena

Pierścionek

anillo

Kolczyk

aro

Czapka

gorra

Wieszak

percha

Kapelusz

sombrero

Krawat

corbata

Zamek błyskawiczny

cierre a cremallera

Kask

casco

Szelki

tiradores

Mundurek szkolny

uniforme escolar

Mundur

uniforme

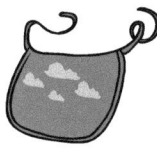

Śliniaczek

babero

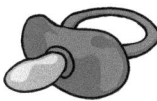

Smoczek

chupete

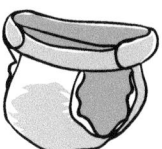

Pieluszka

pañal

Biuro
oficina

Serwer
servidor
Szafa na akta
archivador
Drukarka
impresora
Papier
papel
Monitor
monitor
Mysz
ratón
Biurko
escritorio
Segregator
carpeta
Klawiatura
teclado
Kosz na odpadki
cesto de papeles
Komputer
ordenador
Krzesło
silla

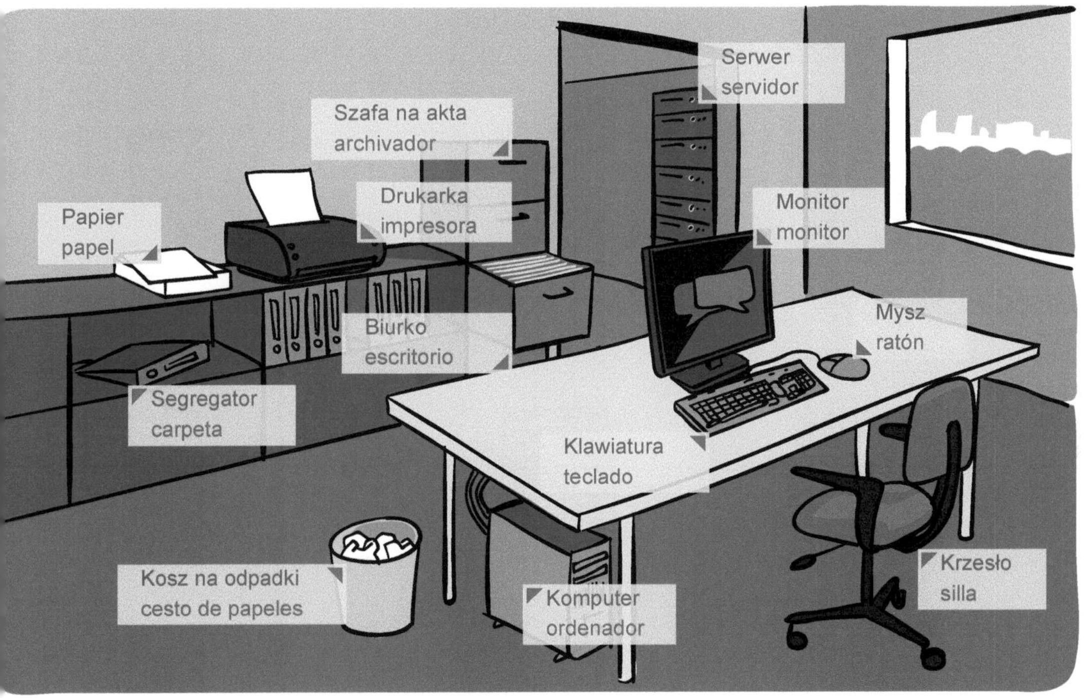

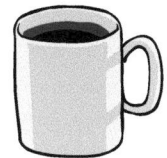

Filiżanka do kawy

taza de café

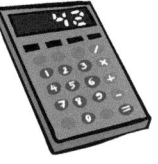

Kalkulator

calculadora

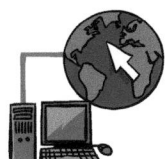

Internet

internet

Laptop

laptop

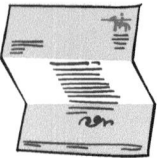

List

carta

Wiadomość

mensaje

Komórka

teléfono móvil

Sieć

red

Kopiarka

fotocopiadora

Oprogramowanie

software

Telefon

teléfono

Gniazdko

tomacorriente

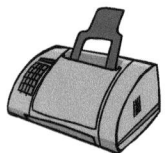

Faks

máquina de fax

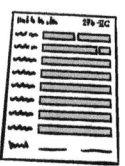

Formularz

formulario

Dokument

documento

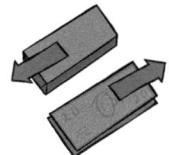

kupić
comprar

płacić
pagar

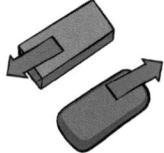

postępować
comerciar

Pieniądze
dinero

 **USD**

Dolar
dólar

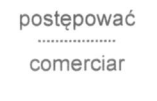 **EUR**

Euro
euro

 **JPY**

Jen
yen

 **RUB**

Rubel
rublo

 **CHF**

Frank
franco

 **CNY**

Juan Renminbi
renminbi

 **INR**

Rupia
rupia

Bankomat
cajero automático

Kantor wymiany walut

casa de cambio

Złoto

oro

Srebro

plata

Olej

petróleo

Energia

energía

Cena

precio

Umowa

contrato

Podatek

impuesto

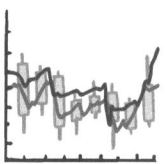

Akcja

acción

pracować

trabajar

Pracownik umysłowy

empleado

Pracodawca

empleador

Fabryka

fábrica

Sklep

negocio

Zawody
ocupaciones

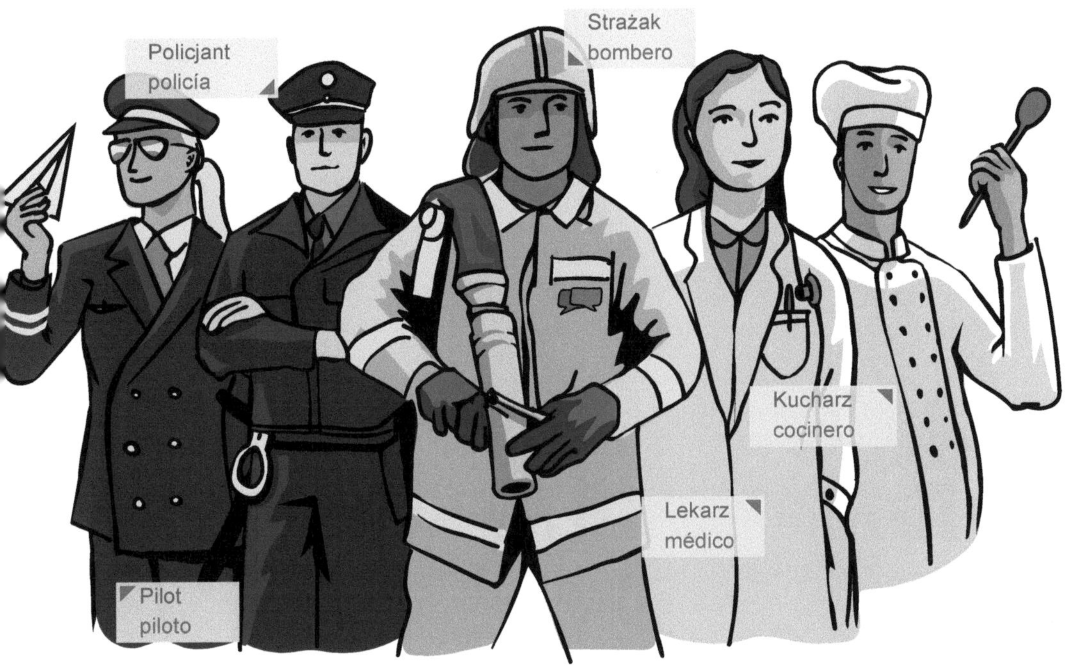

Policjant
policía
Strażak
bombero
Kucharz
cocinero
Lekarz
médico
Pilot
piloto

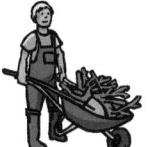

Ogrodnik

jardinero

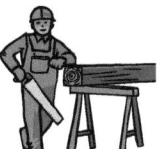

Stolarz

carpintero

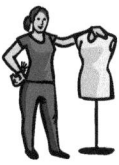

Krawcowa

costurera

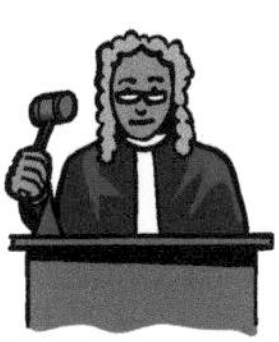

Sędzia

juez

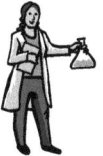

Chemik

químico

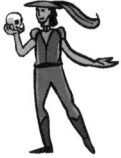

Aktor

actor

Kierowca autobusu

conductor de autobús

Taksówkarz

taxista

Fischer

pescador

Sprzątaczka

mujer de la limpieza

Dekarz

techista

Kelner

camarero

Myśliwy

cazador

Malarz

pintor

Piekarz

panadero

Elektryk

electricista

Robotnik budowlany

albañil

Inżynier

ingeniero

Rzeźnik

carnicero

Instalator

fontanero

Listonosz

cartero

Żołnierz

soldado

Architekt

arquitecto

Kasjer

cajero

Florysta

florista

Fryzjer

peluquero

Konduktor

cobrador

Mechanik

mecánico

Kapitan

capitán

Dentysta

odontólogo

Naukowiec

científico

Rabin

rabino

Imam

imam

Mnich

monje

Proboszcz

párroco

Narzędzia
herramientas

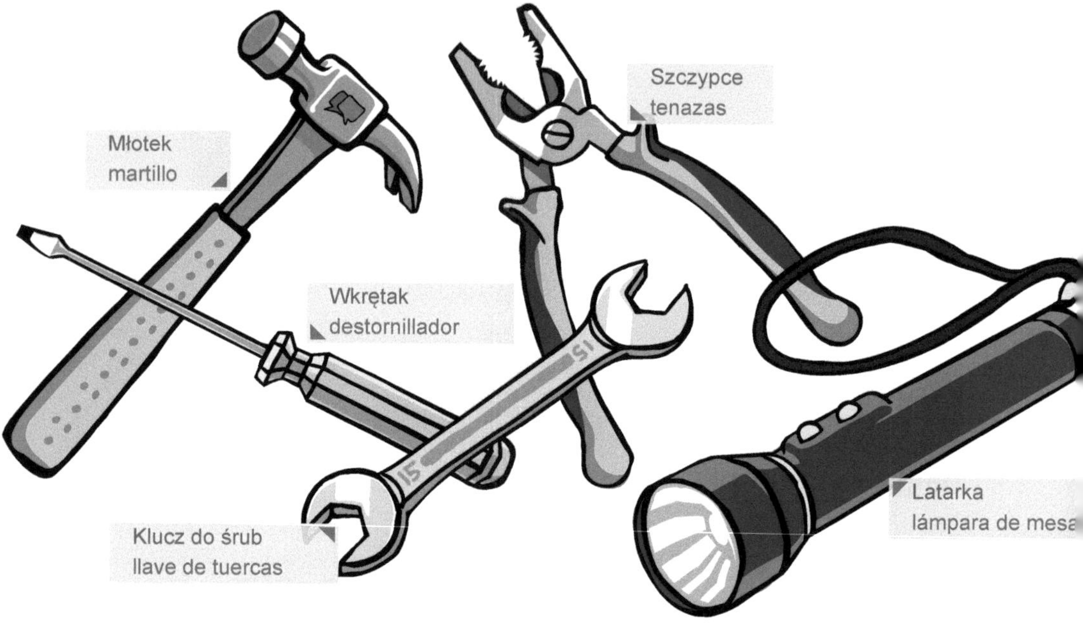

Młotek
martillo

Szczypce
tenazas

Wkrętak
destornillador

Klucz do śrub
llave de tuercas

Latarka
lámpara de mesa

Koparka

excavadora

Skrzynka narzędziowa

caja de herramientas

Drabina

escalerilla

Piła

serrucho

Gwoździe

clavos

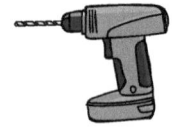

Wiertło

taladro

naprawić
reparar

Łopatka
pala

Cholera!
¡Maldición!

Szufelka
recogedor

Puszka z farbą
lata de pintura

Śruby
tornillos

Instrumenty muzyczne
instrumentos musicales

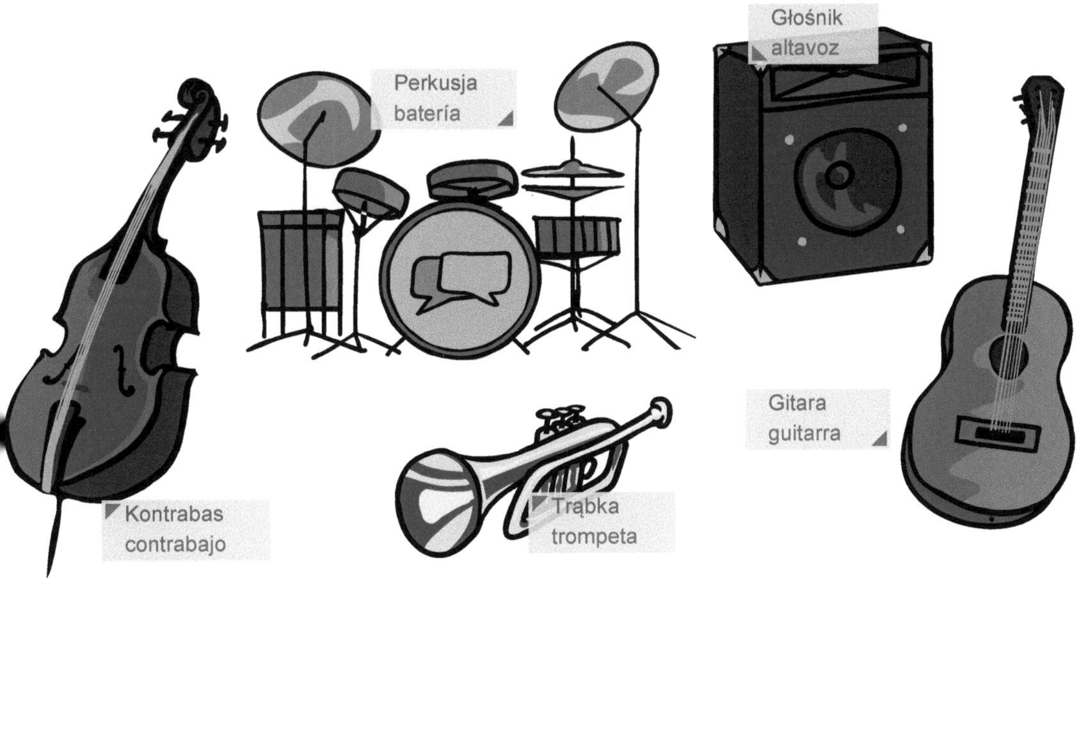

Perkusja
batería

Głośnik
altavoz

Gitara
guitarra

Kontrabas
contrabajo

Trąbka
trompeta

Pianino

piano

Skrzypce

violín

Bas

bajo

Kotły

timbales

Bęben

tambor

Keyboard

teclado

Saksofon

saxofón

Flet

flauta

Mikrofon

micrófono

Zoo

zoológico

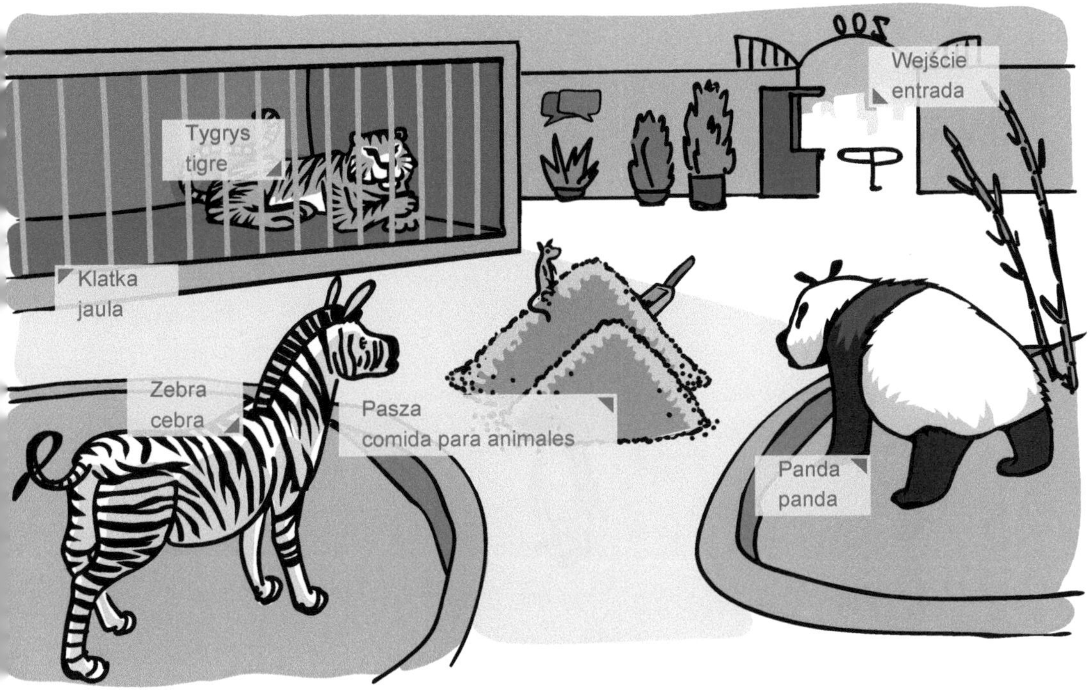

zoo
Wejście
entrada
Tygrys
tigre
Klatka
jaula
Zebra
cebra
Pasza
comida para animales
Panda
panda

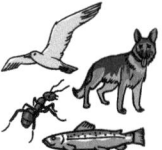

Zwierzęta

animales

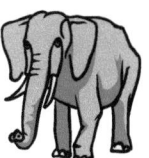

Słoń

elefante

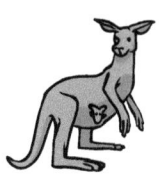

Kangur

canguro

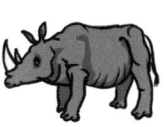

Nosorożec

rinoceronte

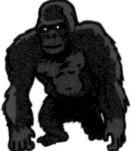

Goryl

gorila

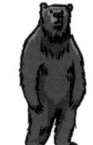

Niedźwiedź

oso

Wielbłąd

camello

Struś

avestruz

Lew

león

Małpa

mono

Fleming

flamengo

Papuga

papagayo

Niedźwiedź polarny

oso polar

Pingwin

pingüino

Rekin

tiburón

Paw

pavo real

Wąż

serpiente

Krokodyl

cocodrilo

Dozorca w zoo

cuidador del zoológico

Foka

foca

Jaguar

jaguar

Kucyk

pony

Gepard

leopardo

Hipopotam

hipopótamo

Żyrafa

jirafa

Orzeł

águila

Dzik

jabalí

Ryba

pescado

Żółw

tortuga

Mors

morsa

Lis

zorro

Gazela

gacela

Futbol amerykański
fútbol americano

Kolarstwo
ciclismo

Tenis
tenis

Koszykówka
baloncesto

Pływanie
natación

Boks
boxeo

Hokej na lodzie
hockey sobre hielo

Piłka nożna
fútbol

Badminton
badminton

Lekka atletyka
atletismo

Piłka ręczna
balonmano

Narciarstwo
esquí

Polo
polo

Działania
actividades

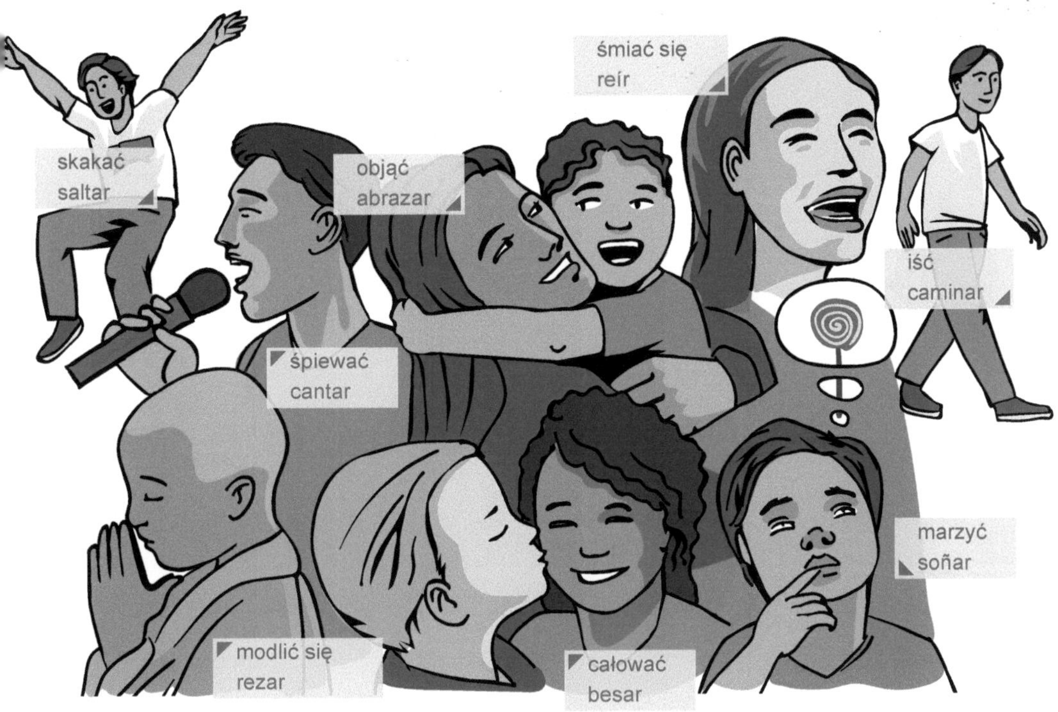

śmiać się
reír
skakać
saltar
objąć
abrazar
iść
caminar
śpiewać
cantar
marzyć
soñar
modlić się
rezar
całować
besar

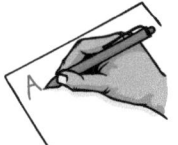

pisać
escribir

rysować
dibujar

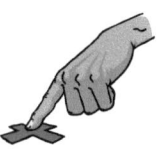

pokazywać
mostrar

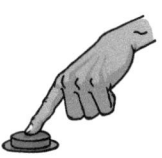

nacisnąć
presionar

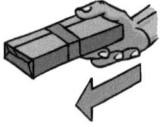

dać
dar

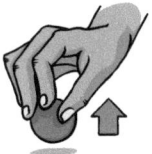

wziąć
tomar

mieć
....
tener

robić
....
hacer

być
....
ser

stać
....
estar de pie

biegać
....
correr

ciągnąć
....
tirar

rzucać
....
arrojar

spaść
....
caer

leżeć
....
estar acostado

czekać
....
esperar

nosić
....
llevar

siedzieć
....
estar sentado

zakładać
....
vestirse

spać
....
dormir

budzić się
....
despertar

spojrzeć

mirar

płakać

llorar

głaskać

acariciar

czesać się

peinarse

mówić

conversar

rozumieć

entender

pytać

preguntar

słyszeć

oír

pić

beber

jeść

comer

sprzątać

asear

kochać

amar

gotować

cocinar

jechać

conducir

latać

volar

żeglować

navegar

liczyć

calcular

czytać

leer

uczyć się

aprender

pracować

trabajar

wejść w związek małżeński

casarse

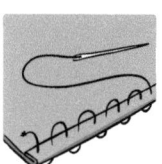

szyć

coser

myć zęby

limpiarse los dientes

zabić

matar

palić tytoń

fumar

wysłać

enviar

Rodzina
familia

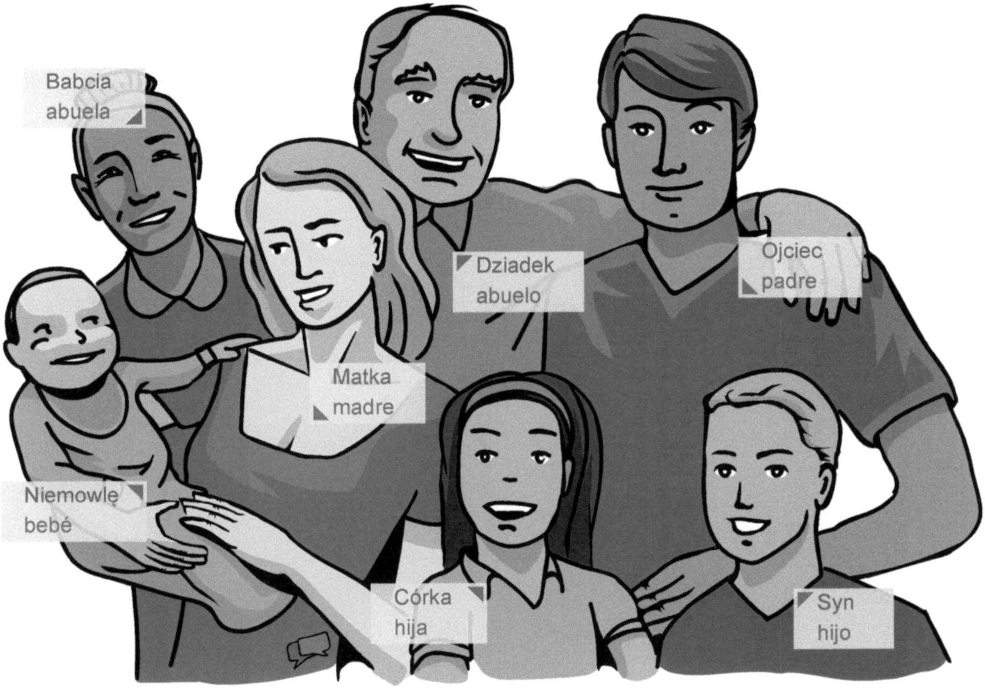

Babcia
abuela
Dziadek
abuelo
Ojciec
padre
Matka
madre
Niemowlę
bebé
Córka
hija
Syn
hijo

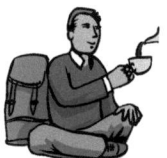

Gość

invitado

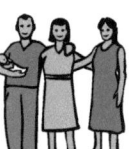

Ciotka

tía

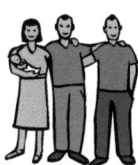

Wujek

tío

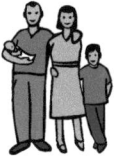

Brat

hermano

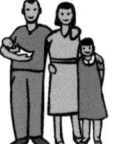

Siostra

hermana

Ciało

cuerpo

Czoło
frente
Oko
ojo
Ramię
hombro
Palec
dedo
Twarz
cara
Broda
barbilla
Ręka
mano
Noga
pierna
Pierś
pecho
Ramię
brazo

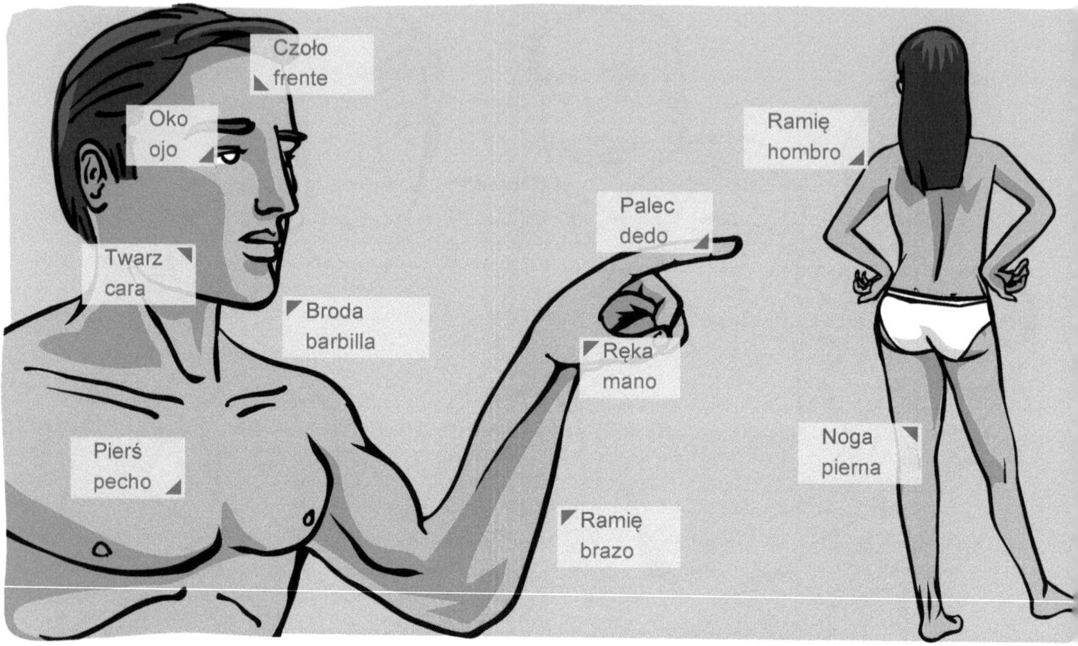

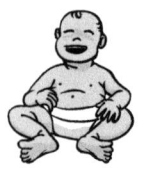

Niemowlę
bebé

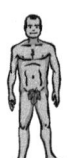

Mężczyzna
hombre

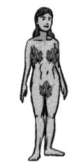

Kobieta
mujer

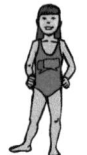

Dziewczyna
muchacha

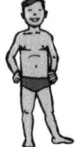

Chłopiec
joven

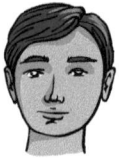

Głowa
cabeza

Plecy

espalda

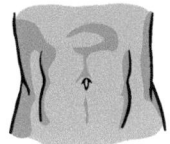

Brzuch

vientre

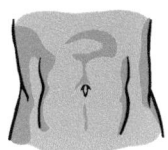

Pępek

ombligo

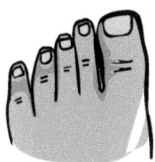

palec nogi

dedo del pie

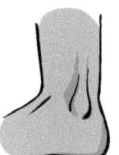

Pięta

talón

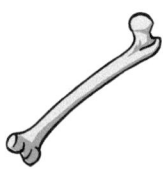

Kość

hueso

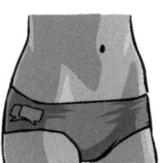

Biodro

cadera

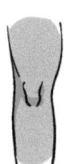

Kolano

rodilla

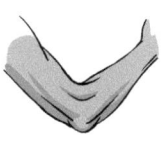

Łokieć

codo

Nos

nariz

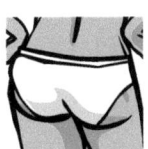

Pośladki

trasero

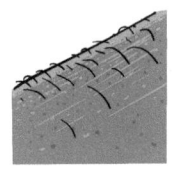

Skóra

piel

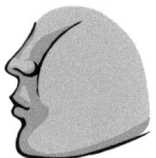

Policzek

mejilla

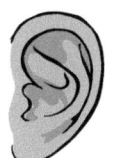

Uszy

oreja

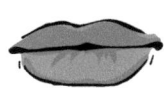

Warga

labio

Usta

boca

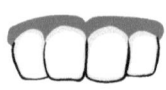

Ząb

diente

Język

lengua

Mózg

cerebro

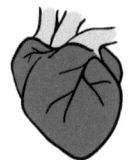

Serce

corazón

Mięsień

músculo

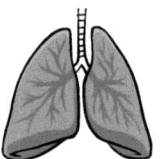

Płuca

pulmón

Wątroba

hígado

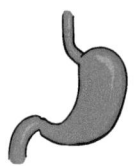

Żołądek

estómago

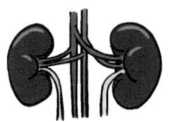

Nerki

riñones

Stosunek płciowy

relación sexual

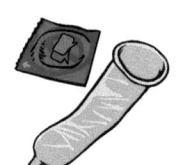

Kondom

condón

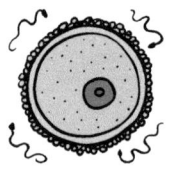

Komórka jajowa

Óvulo

Sperma

esperma

Ciąża

embarazo

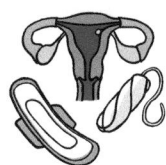

Menstruacja

menstruación

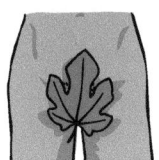

Wagina

vagina

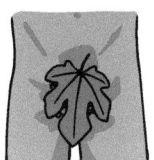

Penis

pene

Brew

ceja

Włosy

cabello

Szyja

cuello

Szpital
hospital

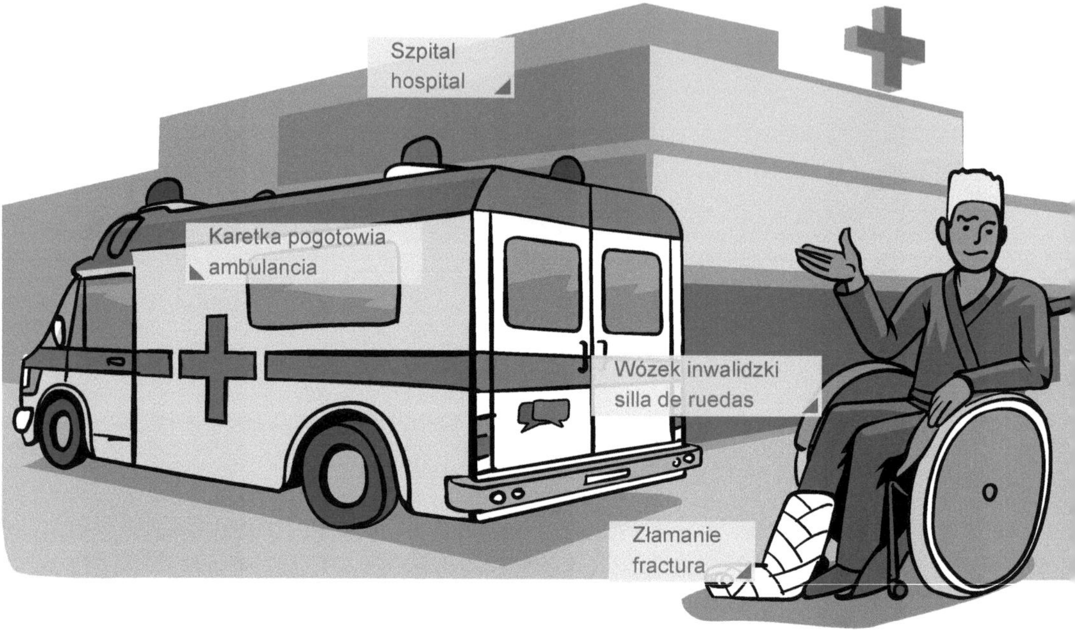

Szpital
hospital

Karetka pogotowia
ambulancia

Wózek inwalidzki
silla de ruedas

Złamanie
fractura

Lekarz
médico

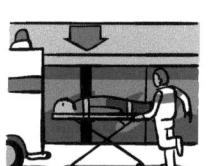

Izba przyjęć
admisión de urgencia

Pielęgniarka
enfermera

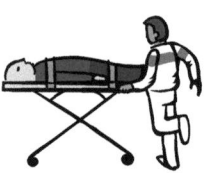

Nagły przypadek
emergencia

nieprzytomny
inconsciente

Ból
dolor

Skaleczenie

lesión

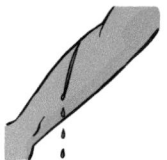

Krwawienie

hemorragia

Zawał serca

infarto de miocardio

Udar mózgu

apoplejía cerebral

Alergia

alergia

Kaszleć

tos

Gorączka

fiebre

Grypa

gripe

Biegunka

diarrea

Ból głowy

dolor de cabeza

Rak

cáncer

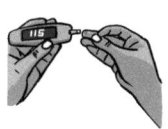

Cukrzyca

diabetes

Chirurg

cirujano

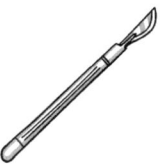

Skalpel

escalpelo

Operacja

operación

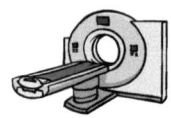

CT
TC

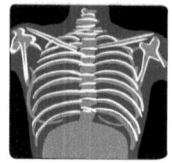

Rentgen
rayos X

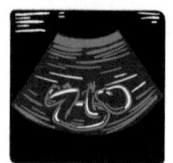

Ultradźwięki
ultrasonido

Maska
máscara

Choroba
enfermedad

Poczekalnia
sala de espera

Kula
muleta

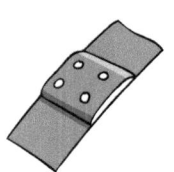

Plaster
emplasto

Opatrunek
vendaje

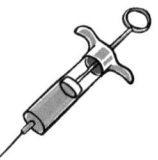

Iniekcja
inyección

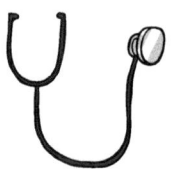

Stetoskop
estetoscopio

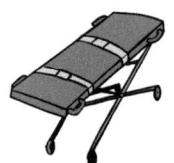

Nosze
camilla

Termometr
termómetro

Poród
nacimiento

Nadwaga
sobrepeso

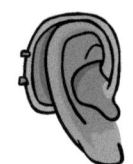

Aparat słuchowy

audífono

Środek dezynfekcyjny

desinfectante

Infekcja

infección

Wirus

virus

HIV / AIDS

VIH / SIDA

Medycyna

medicina

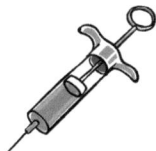

Szczepienie

vacunación

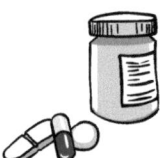

Tabletki

comprimido

Pigułka

píldora anticonceptiva

Telefon ratunkowy

llamada de emergencia

Ciśnieniomierz krwi

medidor de presión arterial

chory / zdrowy

enfermo / saludable

Pomocy!

¡Ayuda!

Alarm

alarma

Napad

asalto

Atak

ataque

Niebezpieczeństwo

peligro

Wyjście awaryjne

salida de emergencia

Pożar!

¡Fuego!

Gaśnica

extintor

Wypadek

accidente

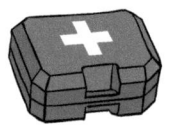

Walizeczka pierwszej pomocy

kit de primeros auxilios

SOS

SOS

Policja

Policía

Europa

Europa

Ameryka Północna

América del Norte

Ameryka Południowa

América del Sur

Afryka

África

Azja

Asia

Australia

Australia

Atlantyk

Atlántico

Pacyfik

Pacífico

Ocean Indyjski

Océano Índico

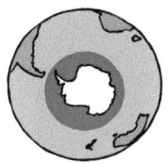

Ocean Antarktyczny

Océano Antártico

Ocean Arktyczny

Océano Ártico

Biegun północny

Polo Norte

Biegun południowy

Polo Sur

Antarktyda

Antártida

Ziemia

Tierra

Kraj

país

Morze

mar

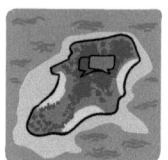

Wyspa

isla

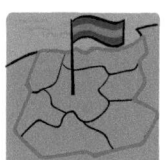

Naród

nación

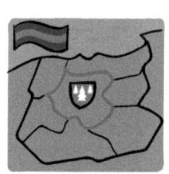

Państwo

Estado

Cyferblat

cuadrante

Wskazówka godzinowa

horario

Wskazówka minutowa

minutero

Wskazówka sekundowa

segundero

Która godzina?

¿Qué hora es?

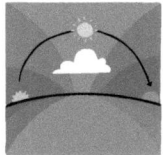

Dzień

día

Czas

tiempo

teraz

ahora

Zegarek digitalny

reloj digital

Minuta

minuto

Godzina

hora

Tydzień
semana

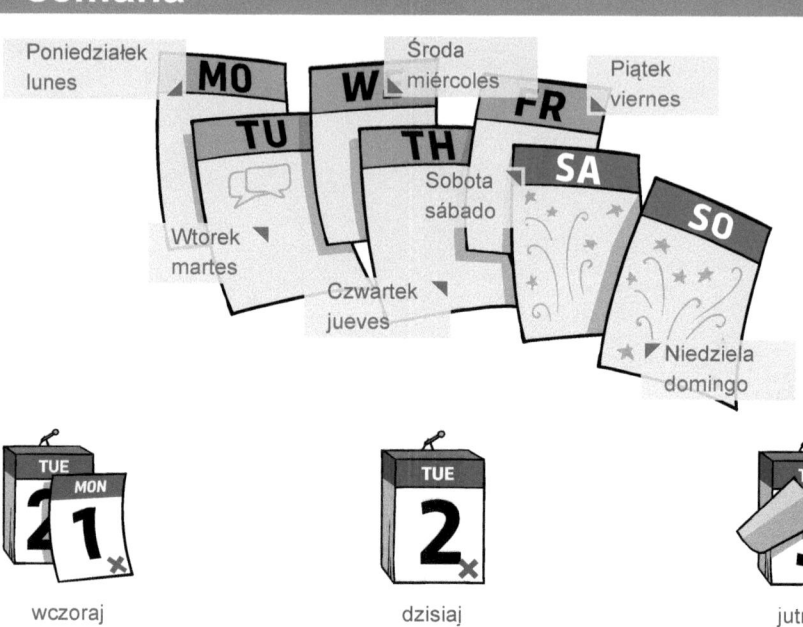

Poniedziałek
lunes

Środa
miércoles

Piątek
viernes

Wtorek
martes

Sobota
sábado

Czwartek
jueves

Niedziela
domingo

wczoraj

ayer

dzisiaj

hoy

jutro

mañana

Rano

mañana

Południe

mediodía

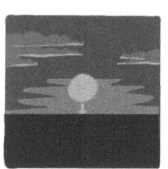

Wieczór

tarde

MO	TU	WE	TH	FR	SA	SU
1	2	3	4	5	6	7
8	9	10	11	12	13	14
15	16	17	18	19	20	21
22	23	24	25	26	27	28
29	30	31	1	2	3	4

Dni robocze

jornada de trabajo

MO	TU	WE	TH	FR	SA	SU
1	2	3	4	5	6	7
8	9	10	11	12	13	14
15	16	17	18	19	20	21
22	23	24	25	26	27	28
29	30	31	1	2	3	4

Weekend

fin de semana

Rok
año

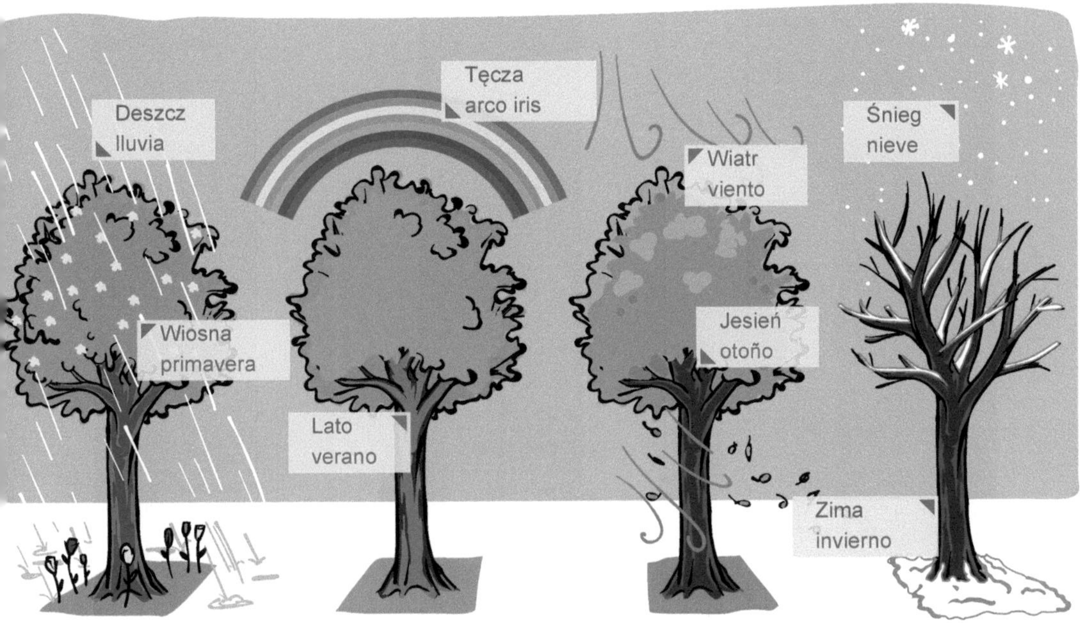

Deszcz
lluvia
Tęcza
arco iris
Wiatr
viento
Śnieg
nieve
Wiosna
primavera
Lato
verano
Jesień
otoño
Zima
invierno

4.APRIL 11°
5.APRIL 4°
6.APRIL 13°
7.APRIL 8°
8.APRIL 10°

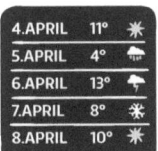

Prognoza pogody
....
pronóstico meteorológico

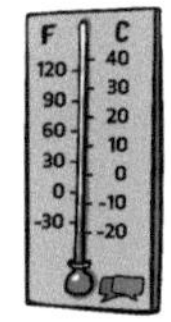

F C
120 40
90 30
60 20
30 10
0 0
-30 -10
-20

Termometr
....
termómetro

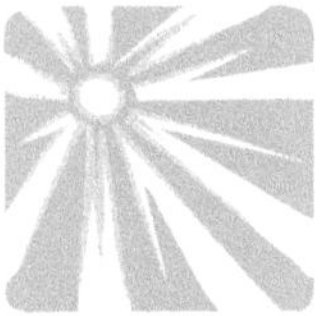

Światło słoneczne
....
luz solar

Chmura
....
nube

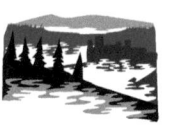

Mgła
....
niebla

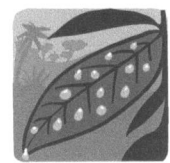

Wilgotność powietrza
....
humedad ambiente

Błyskawica

relámpago

Grzmot

trueno

Sztorm

tormenta

Grad

granizo

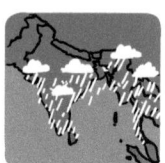

Monsun

monzón

Potop

inundación

Lód

hielo

Styczeń

enero

Luty

febrero

Marzec

marzo

Kwiecień

abril

Maj

mayo

Czerwiec

junio

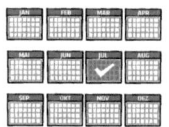

Lipiec

julio

Sierpień

agosto

Wrzesień
....
septiembre

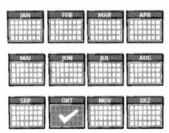

Październik
....
octubre

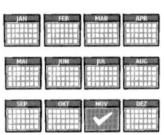

Listopad
....
noviembre

Grudzień
....
diciembre

Kształty
formas

Koło
....
círculo

Kwadrat
....
cuadrado

Prostokąt
....
rectángulo

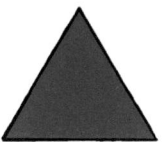

Trójkąt
....
triángulo

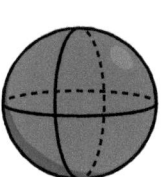

Kula
....
esfera

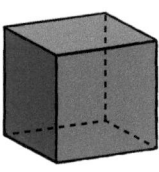

Sześcian
....
cubo

Kolory
colores

biały

blanco

żółty

amarillo

pomarańczowy

anaranjado

różowy

rosa

czerwony

rojo

liliowy

lila

niebieski

azul

zielony

verde

brązowy

marrón

szary

gris

czarny

negro

dużo / mało

mucho / poco

wściekły / spokojny

enojado / calmado

piękny / brzydki

bonito / feo

początek / koniec

comienzo / fin

duży / mały

grande / pequeño

jasny / ciemny

claro / oscuro

brat / siostra

hermano / hermana

czysty / brudny

limpio / sucio

kompletny / niekompletny

completo / incompleto

dzień / noc

día / noche

umarły / żywy

muerto / vivo

szeroki / wąski

ancho / angosto

jadalny / niejadalny

disfrutable / no disfrutable

zły / uprzejmy

malo / amigable

podniecony / znudzony

excitado / aburrido

gruby / chudy

gordo / delgado

najpierw / na końcu

primero / último

przyjaciel / wróg

amigo / enemigo

pełen / pusty

lleno / vacío

twardy / miękki

duro / suave

ciężki / lekki

pesado / liviano

głód / pragnienie

hambre / sed

chory / zdrowy

enfermo / saludable

nielegalny / legalny

ilegal / legal

inteligentny / głupi

inteligente / tonto

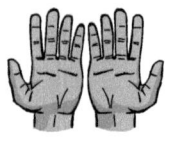

lewo / prawo

izquierda / derecha

bliski / daleki

cercano / lejano

nowy / używany

nuevo / usado

nic / coś

nada / algo

stary / młody

viejo / joven

włącz / wyłącz

encendido / apagado

otwarty / zamknięty

abierto / cerrado

cichy / głośny

bajo / fuerte

bogaty / biedny

rico / pobre

prawidłowy / błędny

correcto / incorrecto

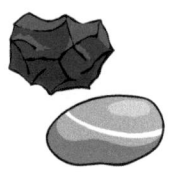

chropowaty / gładki

áspero / liso

smutny / szczęśliwy

triste / alegre

krótki / długi

breve / extenso

powolny / szybki

lento / veloz

mokry/suchy

mojado / seco

ciepły / chłodny

caliente / frío

wojna / pokój

guerra / paz

0	**1**	**2**
zero	jeden	dwa
cero	uno	dos
3	**4**	**5**
trzy	cztery	pięć
tres	cuatro	cinco
6	**7**	**8**
sześć	siedem	osiem
seis	siete	ocho
9	**10**	**11**
dziewięć	dziesięć	jedenaście
nueve	diez	once

12

dwanaście

doce

13

trzynaście

trece

14

czternaście

catorce

15

piętnaście

quince

16

szesnaście

dieciséis

17

siedemnaście

diecisiete

18

osiemnaście

dieciocho

19

dziewiętnaście

diecinueve

20

dwadzieścia

veinte

100

sto

cien

1.000

tysiąc

mil

1.000.000

milion

millón

Angielski

inglés

Angielski amerykański

inglés estadounidense

Chiński mandaryński

chino mandarín

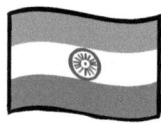

Hindi

hindi

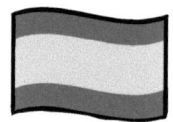

Hiszpański

español

Francuski

francés

Arabski

árabe

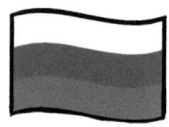

Rosyjski

ruso

Portugalski

portugués

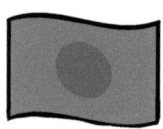

Bengalski

bengalí

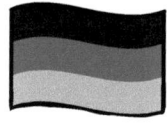

Niemiecki

alemán

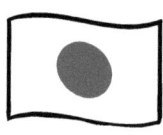

Japoński

japonés

ja

yo

ty

tú

on / ona / ono

él / ella

my

nosotros

wy

vosotros

oni

ellos

kto?

¿quién?

co?

¿qué?

jak?

¿cómo?

gdzie?

¿dónde?

kiedy?

¿cuándo?

Nazwisko

nombre

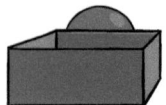

za

detrás

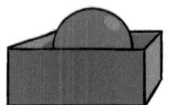

w

en

przed

delante de

powyżej

encima de

na

sobre

pod

debajo de

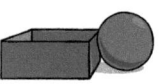

obok

junto a

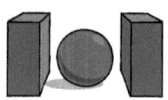

między

entre

Miejsce

lugar